मैं बिहार हूं

D1831166

मैं बिहार हूँ

श्रीकांत

वाणी प्रकाशन

वाणी प्रकाशन का लोगो मक़बूल फ़िदा हुसेन की कूची से

ISBN : 978-93-5000-867-6

वाणी प्रकाशन

21-ए, दरियागंज, नयी दिल्ली-110002
द्वारा प्रकाशित

फोन : 0091#11#23273167, 23275710
फैक्स : 0091#11#23275710
ई-मेल : vaniprakashan@gmail.com
वेबसाइट : www.vaniprakashan.com

संस्करण : 2011

© सुरक्षित

मूल्य : 40.00

आर टेक ऑफसेट, प्रिंटर्स, दिलशाद गार्डन, दिल्ली-95

Main Bihar Hoon
by **Srikant**

निर्देशकीय

मैंने जब पहली बार वरिष्ठ पत्रकार श्रीकांत का आलेख 'मैं बिहार हूं' पढ़ा तो मुझे लगा कि पत्रकारिता में इस प्रकार की शैली बहुत कम मिलती है, जो पढ़ने के दौरान आपके सामने दृश्यात्मक बिंबों की रचना भी करती जाए। दूसरे, बिहार और बिहारी जनता को लेकर जो धारणाएँ राष्ट्रीय स्तर पर तथाकथित रूप में बनायी गयी हैं, उसका पुरजोर तरीके से यह आलेख विरोध ही नहीं करता, बल्कि आम बिहारी चाहे वह छात्र, नौजवान, बुद्धिजीवी, मजदूर-किसान, पत्रकार, संस्कृतिकर्मी हों या राजनीतिक-सामाजिक कार्यकर्ता हों, उन्हें बिहारी आत्मसम्मान, बिहारी अस्मिता और बिहारियत के गौरव तथा बिहार के नवनिर्माण के लिए संघर्षशील रहने के लिए प्रेरित करता रहता है—"याद रहे कि सदियाँ बीतीं, हारा नहीं बिहार। याद रखो कभी नहीं मरने वाला हूँ मैं—बिहार।" मुझे भी इन्हीं बातों ने प्रेरित किया कि इस भाव को अखबार के पन्नों से बाहर निकालकर गाँव-गाँव, गली-चौराहे, शहर-राजधानी के आम जन तक नाट्य प्रस्तुति के माध्यम से पहुँचाऊँ।

हमारी मंडली ने 'मैं बिहार हूं' शीर्षक से ही इसकी

प्रस्तुति करने का निर्णय लिया। फिर दौर शुरू हुआ रीडिंग का। रीडिंग के दौरान बिहार को लेकर जितनी बहसें हुईं, जिनसे प्रस्तुति आलेख तैयार करने की दिशा में हम बढ़ते गए। आलेख में श्रीकांत जी ने सारी बातों को नौ पैराग्राफों में लिखा। इन पैराग्राफों में अलग-अलग मुद्दों, अलग-अलग घटनाओं और विभिन्न परिस्थितियों का जिक्र था। हमने इन पैराग्राफों को नौ अभिनेताओं के संवाद के रूप में रखा। इन नौ संवादों/घटनाओं/परिस्थितियों को जोड़ने के लिए कई दृश्यात्मक योजनाएँ रखी गयीं।

नाटक प्रारंभ करने के लिए मैथिलीशरण गुप्त की कविता यशोधरा के अंशों का काव्यात्मक प्रयोग किया गया। प्रस्तुति आलेख में पाश की कविताओं के साथ-साथ कई स्थानों पर लोकप्रिय विज्ञापन गीतों, स्लोगन तथा पंक्तियों के इस्तेमाल से आलेख का तीखापन गहराता है।

शुरू से ही हमारी मंडली द्वारा बिहारी बोध, बिहारी संघर्ष को केंद्र में रखते हुए इसकी प्रस्तुति की परिकल्पना की गयी। प्रस्तुति की दृश्यात्मकता के लिए कोरस (अभिनेताओं का समूह) का उपयोग किया गया। मानव ध्वनियों, मुद्राओं तथा विभिन्न शारीरिक मुद्राओं तथा आंगिक संचलनों पर विशेष ध्यान दिया गया। अलग-अलग खंडों में अभिनेताओं के लिए यथार्थवादी अभिनय शैली का प्रयोग किया गया, परंतु यहाँ ध्यान रखा गया कि अभिनेता औपचारिक रूप से यथार्थवादी तरीका न अपनायें, बल्कि वे उतने ही अनौपचारिक हों, ताकि दर्शक भी नाट्य प्रस्तुति में एक अभिनेता की तरह जुड़ जाए और नाटक की विषयवस्तु में सहजता से प्रवेश कर जाए।

संगीत और गीत में पारंपरिक एवं लोकप्रिय धुनों का प्रयोग किया गया।

श्रीकांत के आलेख ने जहाँ वैचारिक स्तर पर दर्शकों को आंदोलित किया, वहीं इसने नये रंगमंच की तलाश में जो 'सूरज के प्रकाश और खुले आकाश में' किया जाना है, उसकी रचनात्मक संभावनाओं को एक उर्वर जमीन दी है। नाट्य प्रस्तुति में हमारी नाट्य मंडली के साथी संजय सिन्हा, ओम प्रकाश, रजनीश तथा फीरोज के योगदान के प्रति मैं व्यक्तिगत रूप से आभार प्रकट करना चाहूँगा, जिनके सक्रिय सहयोग से 'मैं बिहार हूं : एक जन अभियान' पूरे बिहार में चलाया गया। अंत में इस विश्वास के साथ–'नयी सहस्राब्दी में बिहार बोध शायद नये भावों को अभिव्यक्त करे।'

पटना **तनवीर अख्तर**

प्रथम प्रस्तुति :

दिनांक : 30 जनवरी, 2001

स्थान : भिखारी ठाकुर रंगभूमि, दक्षिणी गांधी मैदान, पटना।

प्रथम प्रस्तुति में भाग लेने वाले कलाकार

1. रजनीश रंजन
2. भाष्करानंद झा
3. हरेन्द्र बहादुर
4. संजय सिन्हा
5. प्रकाश कुमार
6. शिवकांत लखनपाल
7. अमित पाठक
8. ओम प्रकाश
9. सुनील उपाध्याय

पटना इप्टा द्वारा 'मैं विहार हूं' की कुल प्रस्तुतियाँ सितंबर 2005 तक–198

बिहार इप्टा की इकाइयों द्वारा की गयी प्रस्तुतियाँ–2500 से अधिक

'मैं विहार हूं : एक जन अभियान'

(प्रारंभ 12 दिसंवर, 2001) के अंतर्गत विहार इप्टा की 35 इकाइयों ने 2500 से अधिक प्रस्तुति पूरे बिहार में की।

अलीगढ़, दिल्ली, मुंवई व लखनऊ में भी कई प्रदर्शन किये गये हैं।

अन्य प्रस्तुतियों के कलाकार

ललन सहनी, राकेश कुमार, संजीव मिश्रा, अजय यादव, रोशन राज, सुजीत कुमार, अशोक कुमार, मानवेंद्र, अमित अविचल, अमित कुमार, कुमार भीम, अमित राज, पीयूष सिंह, दीपक कुमार, शिवचंद्र प्रसाद गुप्ता।

ENGINEERING

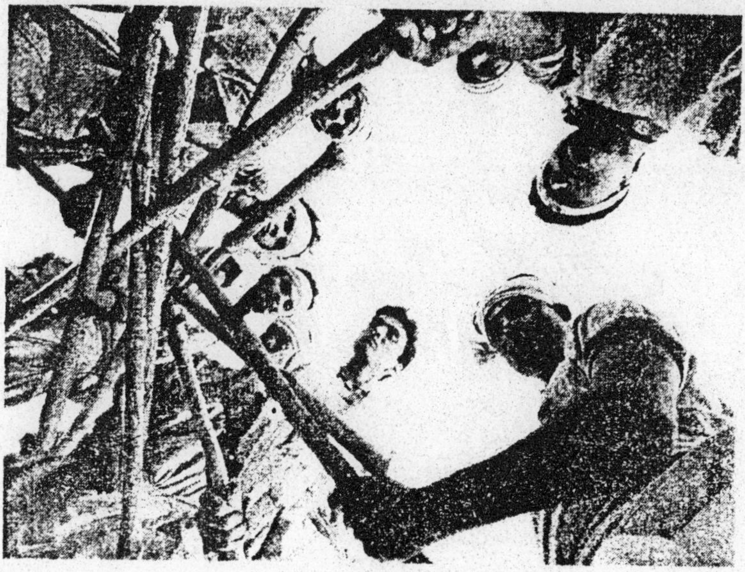

भूमिका

अपनी मातृभूमि बिहार के बारे में लिखना बहुत कठिन है। बिहार के बारे में एक नकारात्मक धारणा व छवि बना दी गई है—बर्बर और बदनाम। दुर्गम और दुरूह प्रदेश। यह आम धारणा है, पर यह सच नहीं है।

बिहार का नाम आते ही कैसी छवि बनती है! लोगों के जेहन में एक डर समा जाता है। नवंबर के चुनाव के दौरान पुणे का एक पत्रकार चुनाव कवरेज करने बिहार आया। चलने से पहले उसने घर जाकर पत्नी को बताया कि उसे बिहार जाना है। उसकी पत्नी रोने लगी। गोया बिहार जाकर वह लौटेगा नहीं। उसने बताया कि बिहार जाने का नाम सुनकर उसके कई साथी बीमार पड़ गये कि बिहार नहीं जाना पड़े। उसने पटना में पत्रकारों को बताया और हम हँसते रहे देर तक। हँसने में पुणे से आया पत्रकार भी शामिल था—यहाँ तो वैसा कुछ भी नहीं है फिर ऐसी धारणा क्यों बन गई है? उसने पत्नी को बताया कि यहाँ के लोग बहुत अच्छे हैं और मैं आराम से बिहार में घूम रहा हूँ। यह बात दूसरी है कि प्रसिद्ध व्यंग्यकार शरद जोशी बिहार आकर नरभसा गए थे और अपने को बिहारी मानने वाले गैर बिहारी पत्रकार प्रभाष जोशी को लगता है कि बिहार ही देश को रास्ता दिखाएगा।

बिहारियों को अपने राज्य से प्यार है। अपनी मातृभूमि को कोई जितना प्यार करता है, उतना एक बिहारी भी करता है। विधानसभा चुनाव

के दौरान योगेंद्र यादव ने बताया कि बिहार से जुड़े कई सवालों में बिहारी पहचान और बिहारी होने के गर्व से संबंधित सवाल पूछे गए थे। 78 प्रतिशत लोगों ने कहा—हाँ उन्हें बिहारी होने का गर्व है। और 85 प्रतिशत लोगों ने कहा—हाँ, वे बिहार में ही रहना चाहते हैं।

वास्तव में देखें तो बिहार की नकारात्मक छवि के बारे में बहुत कुछ छपता रहा है—देश का सबसे गरीब राज्य, सड़क बदहाल, अस्पताल बीमार, स्कूल चौपट, प्रति व्यक्ति आय सबसे कम—सभी मानकों में सबसे नीचे। यह सच है। सत्तर के दशक से यह बिहार का स्थायी भाव बन गया है। एक तरफ यह छवि और दूसरी तरफ सबसे अधिक आईएएस और आईपीएस यहीं निकलते हैं। बिहार के नौजवान हर मामले में आगे। कहीं बिठा दो बाजी मारते हैं। दिल पर हाथ रख कर कहिए—क्या यही बिहार है? नौ करोड़ आबादी वाले बिहार की पहचान बस यही सब कुछ है! मेहनती और ठेठ किसान। पंजाब जाने वाले मेहनती खेत मजदूर। आधी आबादी गरीब। सीमा पर लड़ने वाले बिहारी। महानगरों में पढ़ने वाले बिहारी बेटे। देश में ज्ञान का डंका बजाने वाले बिहारी। मुफ्त में इंजीनियरिंग की तैयारी कराने वाले बिहारी बेटे। कोई बताए मुल्क में कहीं ऐसा होता है। ततमा टोली के बेटे बिहार में ही हैं।

सस्ता श्रम और बौद्धिक संपदा के मालिक। सबसे अधिक पोटेंशियल। फिर भी गँवार, सत्तूखोर और पता नहीं क्या-क्या। बिहारी माने एक अपराध बोध। गाली जैसा। मगर मिशिगन विश्वविद्यालय में पी-एच.डी. करने वाले अनूप आहूजा अपनी पहली बिहार यात्रा में बेहद खुश। उनका ऑब्जर्वेशन—ऐसा जागरूक राज्य देश में कोई नहीं है। बोले—दिल्ली से चला तो रात भर लोगों से बतियाता रहा। बड़ा सुखद लगा।

बिहार में एक कहावत है—अबरा के जोरू गाँव भर के भौजाई। यही हालत है बिहार की। जिसके मन में जो आया, बिहार के बारे में कह गया। लिख गया। बिहार के बारे में कहे गये सत्य वचनों में वस्तुवादी नजरिया नहीं होता है। हालाँकि यह सच है कि वस्तु से ही धारणा बनती है। यह गरीब लोगों, गरीब राज्य के प्रति सामंती और कुलीन अवधारणा है।

कुलीन, गरीबों को जैसे दुरदुराते हैं, उसी तरह की अवधारणा। दोष विहार और विहारियों का नहीं, नजरिए का भी है। सवाल है कि आप विहार को देखते कैसे हैं ? विहार को बेचते हैं या बनाने के लिए कुछ उद्यम भी करते हैं। विहार के पक्ष में खड़े हैं या आप भी हैं हमलावर !

2005 में विहार की आबादी लगभग नौ करोड़ हो गयी है और भारत के नक्शे पर विहार सबसे नीचे खड़ा है। बदहाल विहार, जातीय तनाव झेलता विहार, अपराध और भ्रष्टाचार। गरीबी का मारा, सबसे अविकसित विहार। आधुनिक विहार की पहचान यही है। नेताओं की मसखरा वाली पहचान और गुंडई। यही विहार है!

दरअसल, यह विहार नहीं है। जो आप देखते हैं, वह नहीं, जो सुनते हैं, वह नहीं, जो धारणा बनी या बनायी गई वह सच नहीं। सच कुछ और है—वह है गिरे को उठाने के लिए किया जाने वाला यत्न। आपने कुछ किया! या अपराधी की तरह आपने भी देखा। अपराध बोध और कटाक्ष का दंश झेलने को अभिशप्त। शायद इन्हीं परिस्थितियों में 'मैं विहार हूं' का सृजन हुआ। विहार के बदलने के विश्वास के साथ!

1 दिसंबर 2005

श्रीकांत

मैं बिहार हूं

(4-4 अभिनेता दो कतारों में बँटे हैं और अभिनेता 8 कतारों के बीच में रहता है। दोनों कतारों के अभिनेता विपरीत दिशा में आगे बढ़ते हैं और फिर अभिनय स्थल के बीच में जमा हो, पेड़ बनाते हैं। अभिनेता 8 बुद्ध के रूप में बोलता है।)

अभिनेता 8 : पड़ी रह तू मेरी भव-भुक्ति!
मुक्ति हेतु जाता हूँ यह मैं,
मुक्ति-मुक्ति, बस मुक्ति,
मेरा मानस-हंस चुनेगा
और कौन-सी युक्ति?
मुक्ताफल निर्द्वंद्व चुनेगा,
चुन ले कोई शुक्ति। *(यशोधरा, मैथिलीशरण गुप्त)*

कोरस : बुद्धम् शरणम् गच्छामि।
धम्मम् शरणम् गच्छामि।
संघम् शरणम् गच्छामि।

(युद्ध का दृश्य। अभिनेता 2, 3, 4, 5, 6, 7, 9 घायल हो कर गिर पड़ते हैं। अभिनेता 8 बुद्ध के रूप में ध्यान मग्न है। अभिनेता 1 लाशों को देखकर विचलित हो जाता है।)

अभिनेता 1 : उफ..., ये कलिंग का रक्तपात! कोई है... जो दिखाये मार्ग शांति का!

कोरस : बुद्धम् शरणम् गच्छामि।
धम्मम् शरणम् गच्छामि।
संघम् शरणम् गच्छामि।
(अभिनेता 1, अभिनेता 8 के पास जा कर दीक्षा लेता है और सारे अभिनेता राजदरबार का दृश्य बनाते हैं।)

अभिनेता 2 : जनता द्वारा चुने गये प्रतिनिधियों का वैशाली गणराज्य की इस सभा में स्वागत है।
(सभी अभिनेता घुड़सवारी का अभिनय करते हैं, फिर नाव बनाते हैं। अभिनेता 4 कुँवर सिंह बनता है और अभिनेता 7 अंग्रेज सैनिक। अभिनेता 7, अभिनेता 4 पर गोली चलाता है। अभिनेता 4 के हाथ पर गोली लगती है और वह हाथ काट कर गंगा में बहा देता है।)

अभिनेता 4 : *(हाथ काटते हुए)* जय गंगा मैया...
(अभिनेता 4 गिर पड़ता है।)

कोरस : बाबू कुँवर सिंह की जय! पीर अली

जिंदाबाद!

(सारे अभिनेता एक जुलूस में नारा लगाते हुए एक कंपोजिशन बनाते हैं।)

कोरस : ईस्ट इंडिया कंपनी, भारत छोड़ो, अंग्रेजी शासन, हाय-हाय।

(कंपोजिशन में से अभिनेता 1 निकलता है।)

अभिनेता 1 : मैं बिहार हूं। मेरे जीवन की डोर दिल्ली से बँधी है। दिल्ली के जन्म के साथ ही मेरा भी नया जन्म हुआ।

अंग्रेजी राज ने दो फैसले लिए। दिल्ली आधुनिक भारत की राजधानी बनी और मुझे भी नया रूप मिला।

मैं बिहार हूं। गौतम बुद्ध का विहार। महावीर की कर्मभूमि। अशोक और चंद्रगुप्त मेरी संतान। वैशाली गणराज्य मेरा अतीत। नये जनतंत्री समाज वाला बिहार। मेरा वर्तमान। दिल्ली के साथ मुझे भी नयी पहचान मिली थी, पर दिल्ली की तरह मेरी पहचान स्थिर नहीं।

(अभिनेता 1 संवाद खत्म कर अन्य अभिनेताओं के पास आता है। अभिनेता 9 गाँधी के रूप में निकलता है। अन्य अभिनेता भी पीछे हो लेते हैं।)

कोरस : रघुपति राघव राजा राम,

पतित पावन सीता राम।

(सभी अभिनेता जुलूस की शक्ल में फ्रीज हो जाते हैं। अभिनेता 2 निकलता है।)

अभिनेता 2 : मैं बिहार हूं। गंगा के मैदानी खेत-खलिहानों के साथ-साथ मेरी पहचान कोयला-ताँबा के खदानों से भी बनी। ह्वेनसांग, मेगास्थनीज और बुकानन तक ने मुझे देखा। देखा मेरी समृद्धि और बेबसी। नालंदा और विक्रमशिला के खँडहर गवाह हैं इसके। ज्ञान की गंगा, राज-राजनीति व कूटनीति मेरे ही चाणक्य से शुरू होती है और मुझसे जुड़ा है आर्य समाज का सुधार आंदोलन, गाँधी का आगमन और उनका चंपारण सत्याग्रह। मैंने ही दी गाँधी को नयी पहचान। बाबा रामउदार दास ने 'भागो नहीं दुनिया को बदलो' लिखने की प्रेरणा मुझसे पायी। जेपी की दूसरी आजादी के पहले स्वामी सहजानंद, त्रिवेणी संघ और डॉ. लोहिया का भी मैं ही बना आधार क्षेत्र। विनोद मिश्र के भूमिगत जीवन को देखा-भोगा। आंदोलन की जमीन तलाशते नौजवान। ढाहते गढ़ और मठ। *(अभिनेता 2 संवाद खत्म कर अन्य अभिनेताओं के पास आता है। अभिनेता 8 निकलता है।)*

अभिनेता 8 : तानाशाही, नहीं चलेगी।

कोरस : नहीं चलेगी, नहीं चलेगी...

अभिनेता 8 : जेपी जिंदाबाद

कोरस : जिंदाबाद! जिंदाबाद!...

(सारे फ्रीज हो जाते हैं। अभिनेता 3 निकलता है।)

अभिनेता 3 : मैं बिहार हूं। विद्रोह की बात नहीं करता। फिर भी पहला उर्दू अखबार मुर्ग-ए-बिहार ने लिखा, 'बिहार बिहारियों के लिए'। आजाद हवा में साँस लेना मुझे भी अच्छा लगता है। दस करोड़ से घट कर अब आठ करोड़ का हो गया हूँ। 16 करोड़ जोड़ी आँखों और हाथों वाला बिहार हूँ मैं। आधे से अधिक लोगों को जमीन नहीं है, लेकिन जमीन रखने वाली हवेलियाँ राज करती हैं गाँवों पर। धरती पर पहरा है। खेतों पर बंदूकें ताने हैं दैत्य।

(अभिनेता 1, 2, 3, 4, 5 खेत में काम करने लगते हैं। अभिनेता 6, 7, 8, 9 लाठी से उन पर हमला करते हैं। अभिनेता 4 निकलता है।)

अभिनेता 4 : मैं बिहार हूं। मेरा अतीत और वर्तमान–जीवन की दो दिशाएं–नदी की धाराओं के बीच डूबता-उतराता। जो था, अब नहीं है। सेटलमेंट अधिकारी स्टीवेंसन मूर ने कहा–बिहारी मजदूर परम संतोषी होते हैं। उसने

उन्हें विद्रोही नहीं कहा। मगर, हो गये लोग विद्रोही। बरसात की काली रात में सूअर के छौनों-से दो करोड़ बच्चे नंग-धड़ंग। नये कर्णधार। कोई चंद्रगुप्त, कोई लालू। माँओं के साथ टापर-टुपुर बरसात में गुजारते रात। करते रात खत्म होने का इंतजार। कोई है। अरे कोई है। जो देखे मेरे बच्चों को बेटियों को। नहीं। बहुत कुछ हो गया। खेतों में चूहे मारते बच्चों को देखा है आपने। मूस को बिल में पानी डाल कर निकालना जानते हैं। यही है आज की खुराक। पता नहीं भूख के बारे में, हमारे अर्थशास्त्र के आंकड़े क्या कहते हैं। मगर नागार्जुन को याद करो, 'गिन लो जी, गिन लो...ठठरी में कैठो हाड़ हैं'।

(सारे अभिनेता एक घेरे में लेटे हैं। हाथ ऊपर उठा कर हिलाते हैं। अभिनेता 5 उठता है।)

अभिनेता 5 : मैं बिहार हूं। सूरज रोज निकलता है। रोज डूबता है, पर यहाँ तो सूरज निकला ही नहीं। सबेरा कब हुआ? सूरज उगा उधर। वहाँ, जहाँ आदमी और आदमीयत नाम की चीज का बास नहीं। यह राजभवन है। वह अणे मार्ग है। यह मंत्री जी का घर है। ये अफसर साहब—सर हैं। 'गोरे हैं उधर, काले

इधर हैं'। आर्यों-अनार्यों की संतान। नृशास्त्रियों से पूछो तो सही, उलटबाँसी हो जाएगी। सच्चाई से मुँह मोड़ना तब अच्छा लगता है। सपनों में जीना सही लगता है। राज मार्ग पर चलते हुए सपनों में जीना। याद रहे, आतंकवादियों की गोली से मारे गये मेरे पाश ने कहा था–

सबसे खतरनाक होता है
मुर्दा शांति से भर जाना
न होना तड़प का
सब कुछ सहन कर जाना
घर से निकलना काम पर
फिर काम से घर को आना
सबसे खतरनाक होता है
हमारे सपनों का मर जाना।

(अभिनेता 5 संवाद खत्म कर कोरस में शामिल होता है।)

कोरस : ये जमीं, ये आसमां-2
हमारा कल, हमारा आज-2
बुलंद भारत की बुलंद तस्वीर...
ये दिल मांगे मोर..., आहा...

(सारे छोटा घेरा बना कर बैठ जाते हैं। अभिनेता 6 निकलता है।)

अभिनेता 6 : मैं बिहार हूं। गाँवों में धान की फसल किसानों के घर में आ गयी है और बाजार

है बहुत दूर। किसानों का देश। नदियों की धारा के साथ मेरा भूगोल भी बदल गया है, लेकिन इतिहास नहीं बदला। देशज धान पर कुंडली मारे बैठे हैं। सिर्फ बाहरी माल बाजार में। गोदाम उनके अनाज से अंटे पड़े हैं। दिल्ली किसानों की बात सुनती नहीं। शेयर बाजार की 'हाइटेक घुड़की' पर डोलने लगती है सरकार। मैं क्या करूँ। तीन रुपये सेर हैं मेरे अनाज। सस्ता। औने-पौने में खरीदो और बेचो बाजार भाव पर। आठ करोड़ आबादी और हम देखते दिल्ली। सुदूर गाँवों की ओर नहीं देखते देश प्रेमी। डींगें हाँकते फिरते—हर खेत को पानी, हर हाथ को काम। देश के करोड़ों लोगों का हो गया, काम तमाम।

(सारे अभिनेता तीन भाग में बँटते हैं।)

अभिनेता 1, 3, 5 : साम्राज्यवाद के काले हाथ, तोड़ दो, मरोड़ दो। मजदूर एकता जिंदाबाद।

अभिनेता 2, 4, 6 : संपूर्ण क्रांति जिंदाबाद...

अभिनेता 8, 9 : गरीबी हटाओ...

(अभिनेता 7 निकलता है।)

अभिनेता 7 : मैं बिहार हूं। गाँव-गँवई की धूल में सना खाँटी बिहार। मेरी माटी में किसान आंदोलन

की महक। किसान आंदोलन और किसानों की धमक सुनी आपने। वाम भी अनेक, दक्षिण भी बहुतेरे। बहुरुपिये बने नेता। और, समाजवादियों की तो पूछो मत। यादव छाप, खांटी यादव छाप, कुर्मी-कोइरी छाप, भूमिहार छाप, क्षत्री छाप। किसिम-किसिम के झंडे। इन छापों से जुड़े पहले के राज करने वाले और लेनिनिस्ट मार्क्सिस्ट। ये असली, वे नकली। ये हथियार वाले, वो बिना हथियार वाले। ये पहाड़ों में राज करते हैं और वे समतल में। ये चुनाव लड़ते हैं और संशोधनवादी कहलाते हैं। जाति, मंदिर और मस्जिद तोड़ते और बनाते हैं।

(अभिनेता 2 और अभिनेता 6 न्यूज के रूप में संवाद बोलते हैं।)

अभिनेता 2 : आज की ताजा खबर, बिहार में चुनावी हिंसा–दस मरे।

अभिनेता 6 : रणवीर सेना ने खेला खूनी खेल, 20 मरे, 50 घायल।

(अभिनेता 9 को छोड़ कर सभी कंप्यूटर बनाते हैं।)

अभिनेता 8 : *(कंप्यूटर स्क्रीन से।)* मैं बिहार हूं। बिकता बहुत हूँ। अखबार, रेडियो, टेलीविजन और अब तो इंटरनेट का जमाना है। खबरों के पर निकल आये हैं। लंदन के प्रकाशक

मुझसे प्यार करते हैं और देशज भी। एक अंग्रेज मुख्य सचिव हुए श्रीमान हाल्टन। उन्होंने लिखी एक किताब : बिहार–द हर्ट ऑफ इंडिया, लेकिन आज मुझे उनके नजरिये से नहीं देखा जाता। आज का कोई कलम घिस्सू मेरे बारे में ऐसा लिखेगा कि मत पूछो। उनका अर्थ होगा, अगर कहीं नरक है तो वह बिहार है। कलम की नौकरी बजाने वालों को यह पता नहीं कि आठ करोड़ लोग यहाँ जिंदा कैसे हैं? उनके लिखने से पैदावार बढ़ गयी क्या? उनके कहने से बिहारियों की उद्यमिता बढ़ गयी? चार करोड़ लोग एक शाम खा कर कैसे जिंदा हैं? देखना है तो देखो गया जिले के ततमा टोली को, जहाँ बनते हैं आइएएस, इंजीनियर, आइटी-वाइटी में देखो सिलिकन वैली को। देखो बिहारी मजदूरों को, जो भेजते हैं 2 हजार करोड़ रुपये अपने घरवालों को हर वर्ष। मैं जब जीतता हूँ, बिकता हूँ और हार जाने पर भी बाजार में उतना ही 'क्रेज'।

(सारे अभिनेता फ्रीज तोड़ते हुए एक कतार में जमा होते हैं।)

कोरस : मिले सुर, मेरा तुम्हारा/तो, सुर बने/ हमारा...3

(अभिनेता 9 निकलता है।)

अभिनेता 9 : मैं विहार हूं। विहार था पहले। बिहार बना। अब हार हो गया। नाम में कुछ नहीं रखा, पर बहुत कुछ रखा है। नाम के साथ हार का होना मतलब रखता है। फूलों का हार या इस हार में है पराजय का भाव। तो क्या मैं हार गया? या हार गये सारे बिहारी!

कोरस : *(दुहराते हुए)* क्या मैं हार गया? या हार गये सारे बिहारी!

अभिनेता 9 : नयी सहस्राब्दी में बिहार बोध शायद नये भावों को अभिव्यक्त करे। याद रहे कि सदियाँ बीतीं, हारा नहीं बिहार। याद रखो कभी नहीं मरने वाला हूँ मैं—बिहार।

कोरस *(दुहराते हुए)* कभी नहीं मरने वाला हूँ मैं—बिहार...

(अभिनेता 9 आगे खड़ा हो दोनों हाथ ऊपर करता है। अन्य अभिनेता भी यही करते हैं और सारे एक कतार में अभिनय स्थल से बाहर निकल जाते हैं।)

समाप्त

नोट : सभी अभिनेता सफेद धोती में नंगे बदन रहेंगे। सबके हाथों में लाठी होगी, कमर में लाल गमछा और सर पर सफेद बड़े गमछे की पगड़ी बँधी रहेगी।